AF505421

LÁGRIMAS DE LUNA

RAFAEL CASTAÑEDA

LÁGRIMAS DE LUNA

RAFAEL CASTAÑEDA

Autor: Rafael Castañeda
Diseño de portada: Kengelyn J. Alarcón
Corrección de estilo: Julio J. Medina
Maquetación: Julio J. Medina.
MX. 2023 / © Copyright:
Todos los derechos reservados.
ISBN 9798215839102
Primera edición.

Queda prohibida la reproducción total o parcial del contenido de este libro sin el permiso expreso del autor del mismo. Así mismo no se permitirá su transmisión por cualquier medio, sea este electrónico, mecánico, por fotocopia, por grabación u otros métodos sin el permiso previo y por escrito de su autor.

Dedicado a los luceros de mi vida. Mi motivación, y mi devoción: Yesua & Anahí. Que el amor los encuentre todos los días en la vida. Pues el vivir, sin amor no es vida.

Los amo siempre.

ÍNDICE

Lágrimas de Luna

En cualquier noche, en cualquier día,

cuando escuches aquella melodía,

te llevará a recordar, que para mí, mujer como tú no hay ninguna.

Por las noches, por tu ventana, mira hacia la luna; verás que está llorando, lágrimas derramando, por su amor, su luz extrañando.

El calor de su Sol está necesitando, aun así, como yo sigue esperando.

Con el corazón en una mano, sangrando.

No hay noche alguna, en que no pregunte a la Luna, por ti.

¿Dónde estás?

¿Por qué te alejaste de mí?

No hay respuesta, solo una lágrima a la luna se le escapa, compartiendo conmigo su sufrir, porque, como a mí, se fue mi luz; el calor de tus brazos, el roce de tus besos, el aroma de tu piel.

Pobre luna, también sufre por él.

Lágrimas de Luna, caen desde lo más alto, una a una.

En mi rostro se confunden, con la lluvia al caer; esas lagrimas estremecen hasta lo más profundo de mi ser.

Es la Luna, que no deja sus lágrimas derramar, porque su Sol, no se deja amar.

Es por eso que no te puedo olvidar, y lágrimas de Luna no dejo de llorar.

Eclipse de tu olvido

Ayer, te tuve y me tuviste.

Fue amor, lo sentí.

Lo que tú me diste.

Los besos que nos dimos, juramentos que nunca dijimos.

Amor, aquel que juntos vivimos.

Pasión desbordada, en una y mil noches, al tiempo robadas.

Hoy, vivir por vivir, solo vivo.

En las tinieblas de la memoria de tu olvido, ahí me he perdido, cual dé cuenta y nunca he existido.

En el eclipse de tu olvido, sombra que a mi corazón oscurece, y a mi alma desvanece.

Ahí, mi amor por ti, en el pasado permanece.

Sintiendo un dolor, que día con día crece.

Sin tus besos, sin tu piel, sin tu cariño…

añorando todos los momentos, en que en tu regazo dormido me quedé como un niño.

¡No me dejes aquí! Te lo pido.

Sácame de la oscuridad del Eclipse De Tu Olvido.

Yo, quien siempre te ha querido, quien por tu amor solo he vivido.

Te lo pido hasta mi último suspiro.

Aléjame del Eclipse De Tu Olvido.

El principio y el fin

*En el principio, éramos solo amigos, nos conocimos por
casualidad, tú venías de una tierra lejana, cargando tus
cruces y lamiendo tus heridas, arrastrando una cárcel, que
no te dejaba ser feliz a ti y tus otras vidas.*

Me cautivó tu mirada, triste y desolada.

*Te adoré, y no supe en qué momento de ti me enamoré, de
tu cautiverio te liberé; y tu mirada ya un brillo reflejaba.*

Llegué a pensar que de mí estabas igualmente enamorada.

*En mi amada te convertiste, te llené de besos y caricias, te
adoré como la luna adora al sol, fuiste de mi amor, mi
mayor razón.*

Tu vida y la mía estaban entrelazadas,

*sin pensar en el mañana. Vivimos el presente, disfrutando
nuestro idilio*

sin temor, vivimos nuestro amor.

*El tiempo hizo lo suyo, mi vida ya no me pertenecía, y tú ya
lo sabías. Esperabas que dejara todo por ti; cuando estuve
a punto de hacerlo llegó la primera traición, te perdoné
porque te amaba, y no quise que volvieras a tu cárcel. Mas
mi vida no te entregué.*

Te llevé por el camino, para que siguieras tu destino, y este te llevó a despreciar mi amor por ti.

El final llegó, no de repente, pero sí llegó. Pausadamente y con un sabor amargo que me sabe a hiel.

No sé qué será de tu vida, y no quiero pensar.

Pero ya tienes lo que querías, y la tenacidad de luchar por tu felicidad.

Vive y búscala, te deseo buena suerte.

No te guardo rencor, ni odio, solo sé que no te olvidaré pronto.

Tengo miedo de soltarte, no por mí, sino por ti, y lo que te pueda suceder.

Eres una niña, que quiere comerse el mundo, hoy que eres libre.

No puedo con esta incertidumbre, tu proceder es ameno a la realidad.

Tengo que dejarte ir, para dejar de sufrir.

Pero no te preocupes por mí, soy más fuerte de lo que parezco.

Al igual que tú tengo una vida que seguiré, con la frente en alto, y el recuerdo de ti, para que me dibuje una sonrisa en el corazón cuando a mi mente vengas.

Adiós, amor de mi alma.

Al verte

En el momento que mis ojos se ven en tu mirada.

Mi vida se convierte en una fantasía, se termina toda
agonía.

Se transforma en esta poesía, sea de noche, sea de día.

Te veo y sé, por tu mirada, que tu amor me pertenece. Eres
mía.

Un rayito de luz, en la oscuridad de tu ausencia se esconde,
pero cuando te veo, se ilumina como la luna, cuando llena,
al sol le hace la faena.

Rodeada de estrellas, se ve igual que tú, de todas la más
bella.

Al verte, mi corazón acelera; me hierve la sangre que por
mis venas corre, mis labios sedientos de tus besos buscan
besarte, sobre tu alma poder acariciarte, y mi amor poder
entregarte.

Desespero los días sin verte, sin poder en mis brazos por
un instante tenerte, estrecharte y decirte.

Vuelvo a la vida, mi amor, Al Verte.

Mi única ilusión

Mi única ilusión, es amarte con desbordada pasión.

Tomarte entre mis brazos, y hacerte llorar de emoción.

Sentir el roce de tu piel estremecer entre mis manos,
saboreando los besos que nos damos.

Mi única ilusión es verte bajo la luz de la luna, acariciar tu
pelo y decirte al oído susurro alguno inapropiado,

que te dirá lo mucho que te he deseado.

Mi única ilusión es verme en tus ojos, y llegar hasta tu
alma para grabar mi nombre, y escribirte versos

mientras tu corazón me como a besos.

Mi única ilusión, es que estés siempre en mi vida.

Que no te vayas, que no seas un amor que se olvida.

La Razón Eres Tú

Cual suspiro se escapa de lo más profundo de mi alma,

que lleva mi pensamiento al éxtasis de un beso,

sintiendo el calor de tu abrazo, yaciendo por fin en tu regazo.

La Razón Eres Tú.

Si, una lagrima corre por mi mejilla y se confunde con la lluvia, al recordarte en mis brazos aquel día, igual refleja en mi rostro una sonrisa, y me hace caminar con menos prisa.

La Razón Eres Tú.

Al escuchar una melodía que así decía:

"Ya te quería desde antes que fueras mía". Tu mirada de niña enamorada

Se refleja de repente en mi almohada.

Y te repito lo mucho que yo te adoraba.

La Razón Eres Tú.

Si escribo un verso, y tu nombre no menciono, es que cansado estoy de pronunciarlo mientras duermo, y a ti en mis sueños llamo.

Sabrás que eres tú, el ser que yo en esta vida más amo.

Mi adoración

Adoro tus ojos al mirarme, cómo dicen: ven, acuéstate a mi lado, ven a amarme.

Adoro tus labios, que me invitan a morderlos al momento de besarlos.

Adoro tu angelical sonrisa,

coqueta y seductora que me arropa como la brisa.

Adoro tu figura, que se acopla con la mía, adoro tus brazos enlazados con mi cuerpo cuando estamos abrazados.

Mi adoración, es tu voz, que al oírla es mi preferida canción.

Adoro tu corazón, que me abre las puertas de tu alma, que a la mía con su amor ensalma.

Mi adoración, el sabor de tu piel sudada, cuando juntos perdemos la calma

Adoro, a ti, mi más preciado tesoro, que cuando no estás… por ti como un niño lloro.

Mi adoración, solo tú.

Te adoro como el mar adora a la luna;

como las nubes al sol, como las estrellas al infinito.

Mi adoración, solo tú.

A ti, quien más cada día, te necesito.

Mi adoración, solo tú.

Te pienso siempre

Te pienso siempre, cuando despierto.

Mi primer pensamiento empieza con tu nombre, tu rostro se refleja a un lado en el espejo.

Te pienso siempre, al ver una rosa.

Cuando el viento mis mejillas toca.

Te pienso siempre, en cada aliento que respiro, en todo palpitar de mi corazón.

En todo suspiro. En todo momento, pienso perder la razón.

Te pienso siempre, al mirar la noche, cuando contemplo la luna.

Como tú, mujer, ninguna.

Al mirar las estrellas, tú la más bella de todas ellas.

Te pienso siempre, te veo en mi sueño.

Sé que perdidamente, de ti, mi corazón es dueño.

Hoy aprendí

*Hoy, aprendí que el sol y la luna solo se encuentran
durante un eclipse.*

*Que, en nuestro amor, solo el mío existe; la verdad es que
nunca me quisiste.*

*Hoy, aprendí cómo se confunde la lluvia con las lágrimas,
cómo el trueno ensordece mi llanto, cuánto es lo que te
amé, yo a ti tanto.*

Hoy, aprendí a caminar entre las sombras de tu olvido.

*A vivir en las tinieblas de tu memoria y mantenerme ahí
escondido.*

*Aprendí que valió la pena tu amor haber conocido.
Sentir tu corazón cerca del mío.*

Hoy, aprendí que tu cariño en mi vida

a mi alma nunca se le olvida

Tu mirada, en mi mente llevo grabada,

en mi pecho, tu nombre tatuado;

atravesado con una espada,

como símbolo de una vida ya pasada.

No lloraré

Te prometo no llorar

por tu lindo mirar.

De ti no volveré, ni siquiera a hablar.

No lloraré por tus labios

ni por tus besos.

No lloraré, aunque mi corazón y alma estén presos.

No volveré a, tu nombre, como un

loco gritar.

No dejaré a mis ojos llorar,

porque tú me dejaste de amar.

No lloraré por tus ojos, profundos

como el mar.

No dejaré que mis lágrimas rueden,

por ti tener que renunciar.

No volveré a tu rostro recordar,

aunque sienta mi alma por dentro desgarrar,

al saber que nunca me

volverás a amar.

No lloraré, ni buscaré en mis sueños

tu loca forma de amar.

No lloraré, aunque nunca

me vuelvas a hablar, ni tu linda voz

pueda escuchar.

No lloraré por tu querer

toda esta noche.

De aquí hasta el amanecer.

No lloraré.

La primera vez que te vi

Me gusta acordarme de la primera vez que te vi, tu mirada hechicera se clavó en mí.

Desde ese momento supe que yo era para ti, y tú serías para mí.

Tocaste mi alma con solo mirarme, para después jurarme eternamente amarme.

La primera vez que te vi.

El brillo de tus ojos, se llevó mi corazón;

mi voluntad y toda mi razón.

El resplandor de tu sonrisa, no se compara con tu risa,

la cual, al oírla, me hizo voltear a toda prisa.

Tu pelo negro y largo, semejante a la oscura noche,

brilló en el reflejo de la Luna.

Entonces comprendí, que como a ti, mujer,

no podría en esta vida amar a ninguna.

La primera vez que te vi, mi vida pasó frente a mí.

Vi cómo en mis brazos te tuve, cómo mi pasión te di.

Miré en tus ojos, el resplandor del cielo,

cual semejante a un ángel tú
vienes para calmar mi desvelo.

La primera vez que te vi, yo me enamoré de ti.

De todo lo que

en ti vi, desde ese momento te adoré

Y nunca más ese instante olvidaré.

La primera vez que te vi.

De ti me enamoré

De ti me enamoré, cuando por primera vez tus ojos miré.

Esos ojos profundos como el mar, que anticipan el dolor

que tu corazón sufría por falta de amor.

La luz de tu mirada, que, al verme, brilló

en mí la esperanza de un amor, que toda mi vida ha sido mi añoranza

Un amor primero, justo y sincero, dulce y apasionado.

Un amor como nadie nunca me había entregado.

De ti me enamoré, aun siendo prohibida la pasión que contigo he vivido.

Los besos y caricias que nos damos son grabados en el firmamento

para poder verlos y recordarles en

todo momento.

Como testigo está la luna,

que sabe que te he adorado solo a ti,

como a ninguna.

De ti me enamoré,

y si por azares del destino,

nuestras vidas toman diferente camino,

yo de ti nunca me olvidaré.

En mi corazón siempre te tendré.

Más allá de la muerte, en mi alma,

por una eternidad conmigo te llevaré.

Hablar de ti

33

Hablar de ti, es querer el llanto callar;

no permitir a las lágrimas de mis ojos rodar.

Es mi corazón sentirse desgarrar.

Eras la razón de mi vivir. Hoy por ti solo me toca sufrir.

Hablar de ti, es hablar de una despedida.

No quise irme, mi Dios lo sabe,

*y tú te quedas con un pedazo de mi corazón, que en mi
pecho ya no cabe.*

*El dolor de perderte es para nunca olvidarte, para nunca
dejar de amarte.*

Hablar de ti, es revivir los momentos que feliz fui a tu lado.

Lo mucho que te he amado.

Pero hoy se termina, al descubrir tu engaño

No seré uno más de tu rebaño.

Me voy queriéndote, para que no me hagas más daño.

Hablar de ti, es volver a vivir, es poder, de nuevo el amor, volver a sentir.

Te amo, no te puedo mentir, sin embargo, hoy, tengo que de tu lado partir.

Cuando tú no estás

Cuando tú no estás, los días son largos,

las noches eternas, y frías.

Los pájaros no cantan, las flores no florecen.

Cuando tú no estás, no hay primaveras,

solo inviernos eternos con fríos horrendos.

Los veranos son cortos,

con mares en calma que perturban mi alma.

Cuando tú no estás, no se escuchan las risas,

ni melodías de amores

Todo se nubla con grises brisas

de pasados amores, que alimentan

solo dolores.

Cuando tú no estás, mi pluma no se cansa de escribir estos versos,

forrados en lágrimas, extrañando tus besos.

Cuando tú no estás, el tiempo se detiene; no corren las horas.

Mi alma te añora, mi corazón te extraña, y solo la soledad me acompaña.

Cuando tú no estás.

Quiero decirte

No sé exactamente, cuándo fue que de ti me enamoré, por tu manera descuidada, que con tus ojos me mirabas.

Cuando tus ojos se clavaron en mí, solo sé que mi corazón perdí.

Quiero decirte…

Tengo ganas de comerte a besos, recorrer tu cuerpo con mis manos, escribirte un verso en tu espalda, que diga lo mucho que te quiero, y describa cómo arde en mi pecho por ti este fuego.

Quiero decirte…

Te extraño, como el sol a la luna;

como la noche extraña al día.

Igual que la brisa a la bruma

Como una canción a la melodía.

Igual que el agua al río.

Como el calor al frío.

Te extraño, cuando respiro,

a cada momento que no te miro.

Quiero decirte.

Que Te amo.

Cuando estás cerca.

En los días.

Cuando estás lejos

En las noches, en mis sueños.

En mis desvelos.

Te amo, desde antes que fueras mía;

desde entonces mi corazón ya te quería.

Quiero decirte tantas cosas...

Que para ti sean hermosas,

y por último,

hacerte el amor en un lecho de rosas.

Ya no tengo lágrimas

La última vez que nos vimos, después del callado adiós que nos dijimos…

Sin una promesa de volver a vernos,

ni una carta escribirnos; mucho menos una llamada por la madrugada

para saber de ti, mi linda amada.

El tiempo y la distancia me han hecho una revelación:

Si lo nuestro fue hermoso, tuvo su principio y también su final.

Para guardarlo, cerca del corazón llevarlo, y no tratar de olvidarlo.

Para que pese menos y poder soportarlo.

No es mi pluma que te escribe estos versos,

mas sí mis labios, que se muerden por tus besos.

Es mi corazón al que le falta el latido del tuyo.

Son mis manos, que buscan el calor de las tuyas.

Son mis ojos que buscan tu mirada.

Es mi alma, que de ti aún está enamorada.

El hoy se convierte en mañana, el mañana se hace en ayer.

*Cómo poder volver en un futuro, para en mis brazos
volverte a tener.*

Y tus caricias sentir de nuevo, mi amada mujer.

Es imposible dejarte de querer.

Es por eso que...

Ya no tengo lágrimas.

Tu mirada

Tu mirada refleja el eclipse total del sol y la luna.

Jamás había visto mirada alguna.

Tus ojos: claros, serenos y profundos,

son de los que no se encuentran en esta galaxia;

mucho menos en otros mundos.

Tu mirada, y el brillo de tus ojos,

opaca a la más brillante de las estrellas.

Tu mirar tiene un destello;

un no sé qué,

que te hace la más bonita entre ellas.

Por ver tu mirada frente a mí,

mi vida entera dejaría condenada.

Tu mirada, ha dejado a mi alma cautivada.

En mi corazón se ha quedado clavada.

Aun así, no sé quién eres.

No, no me digas nada.

Déjame solo disfrutar el ver Tu Mirada.

Tu mirada…

Dicen que los ojos son la ventana al alma.

Al ver los tuyos, se ve el mar, en profunda serenidad y calma.

Afortunado, aquel que a ti te llama

su bella amada.

Y recuestas tu cabeza en su almohada,

esperando los rayos del Sol por la madrugada.

Me llamo Amor

Cuando sientas tristeza en tu corazón,

y alguien te sonría, sin ninguna razón.

Ahí estoy yo, me llamo amor.

Si ves al cielo, y las estrellas brillan mucho más esta noche,

y te ven sin reproche…

Ahí estoy yo, me llamo amor.

Al oír los pájaros cantar

en tu matutino caminar.

Ahí estoy yo, me llamo amor.

Cuando contemples la luna,

y te sonría, diciéndote que como tú solo hay una.

Ahí estoy yo, me llamo amor.

*El día que tus lágrimas derrames por un ser amado, que se
ha ido o te ha dejado.*

*Encuentra consuelo en tus noches de desvelo, y recuerda
solo lo bello.*

Ahí estoy yo, me llamo amor.

*Si sientes la brisa tocar tu rostro, y en tu mejilla te planta
un beso,*

soy yo, que vine a dártelo de regreso.

Ahí estoy yo, me llamo amor.

*Cuando sientas los besos y caricias de nuevo besar tus
labios, y tocar tu piel.*

*No pronuncies mi nombre, solo sabrás que ahí estoy yo, me
llamo amor.*

*Al final del día, si te sientes cansada y crees no haber
completado nada.*

*Y vives nomás por vivir, recuerda que en un entonces mi
corazón hiciste fuertemente por ti, latir.*

Ahí estoy yo, me llamo amor.

Regálame

45

Regálame tus ojitos, para hacerte unos versos, y sacar esto que traigo en mi pecho, y decirlo a los vientos a gritos.

Regálame tu mirada, para llevarla siempre en mi alma clavada.

Al lado escribir tu nombre y tenerte en mi corazón tatuada.

Regálame tus labios, quiero besarlos y llevarme el sabor de tu beso, a dulce cerezo, para poder esperar tu tardío regreso.

Regálame tu piel y déjame impregnarme de tu aroma, para recordarte cada noche que la luna llena se asoma.

Regálame tu ser, junto con tu alma, y también tu corazón.

Porque sin ellos, por ti perderé muy pronto la razón.

Regálame ese amor, que al cielo me eleve, para cuando al morir seas el recuerdo que de esta vida me llevé.

Regálame.

En los brazos de un ángel

En los brazos de un ángel, es el sentirme a tu lado, cuando contigo duermo abrazado.

El aroma de tu ser, me hace estremecer, el palpitar de tú corazón

me confunde la razón.

En los brazos de un ángel, viajo por los cielos, el amarte cumple el mayor de mis anhelos.

La luna me ve con recelo, por estar con un ángel amándote en desvelo.

En los brazos de un ángel, quiero vivir eternamente, transcender el tiempo y la distancia; eres tú mi luz y mi esperanza.

En los brazos de un ángel, no existe ningún dolor, le da a mi frío su calor, y con su sombra me llena de amor.

En los brazos de un ángel.

La dicha de tu amor

La dicha de tu amor

No es poseerte, pero sí contigo

caminar y de la mano llevarte.

El saber que el mismo paso y camino

nos llevan juntos a nuestro destino.

Que tu camino y el mío son uno.

La dicha de tu amor, está en tus ojos:

*En tu mirada profunda, en el brillo que resplandece
cuando en mis brazos te amanece.*

*El sabor de tu piel mojada, el olor de tu pelo en mi
almohada.*

*La dicha de tu amor, es despertarte y cada día tener que
conquistarte.*

Es llevarte flores, llenarte de rosas

para poder decirte al oído tantas cosas.

Mirar juntos a la luna, ver cómo me mira con celo, por ser un ángel que vino a mí del cielo, con el cual yo en amor me desvelo.

La dicha de tu amor,

¡Es tenerte y como un loco Adorarte!

Poder en tus brazos dormir y en tus labios besarte.

Es mi corazón y mi ser entregarte.

La dicha de tu amor, cariño mío es

únicamente...

Amarte.

Rafael Castañeda

El brillo de tus ojos

49

El brillo de tus ojos, refleja el amor que callas, el sentimiento que guarda tu corazón, la persona que te hace perder la razón.

*El brillo de tus ojos, insinúa tu pasión
al sentirte entre mis brazos.
El brillo de tus ojos se ilumina con el sonrojar de tu rostro
al besar tus manos.
El Brillo de tus ojos es luz sublime, que refleja tu alma al
besar tus labios.*

*Del brillo de tus ojos, quiero ser yo la razón.
Quien le robe un latido a tu corazón,
y con una mirada hacerte brillar; con tu brillo hacerme
deslumbrar.
El brillo de tus ojos, para mí la luz del firmamento, que se
clava en mi alma, suave y lento.*

Te necesito

Te necesito, a un lado junto a mí,

Con mis brazos enlazados en ti.

Amándote desde el primer día que te vi,

desde que tu mirada se clavó en mí.

Te necesito, lo sé porque tu nombre, mi alma en silencio grita

Y no sé cómo es que este dolor se quita.

Te necesito tanto,

que al recordarte no puedo detener el llanto.

Tu adiós me ha dejado triste, no te imaginas siquiera cuánto.

Te necesito, como el sol a la luna.

Yo comprendo, que un ser como tú

nunca encontraré en parte alguna.

Te necesito, para poder respirar;

para poder sentir mi corazón

de nuevo vibrar.

Te necesito, hoy mañana y siempre.

De tus besos, de tus caricias, de tu calor, de todo tu amor.

Te necesito, y no sé qué hacer si te llego a perder.

Creo, y por tu amor estoy a punto de enloquecer.

Te necesito.

Mas es así

Mas es así, la ternura de tus besos y

tus brazos, de tus caricias el disfrutar de tus delicias.

Incomparables las noches llenas de amor, a tu lado
interminables.

Mas es así, tu mirada como la luna, mirando al sol
enamorada,

cuando este se levanta, y por un instante se cruza en su
camino.

Mas es así, lo que siento por ti.

Un desvelo, un beso tuyo que tanto anhelo, un abrazo,

el sentirte cerca, dormir en tu regazo.

Mas es así, el pensar en tu amor,

que a mí ha curado todo dolor.

En tus besos de miel el sabor,

y tu piel sentir el calor.

Tu perfume, dulce y sublime.

Mas es así, como te quiero yo a ti.

Lo que tú vives en mí, eres ya parte.

Para solo a ti adorarte.

Mas es así.

Te acordarás de mí

Desde el momento en que despiertes, tu pensamiento vendrá hacia mí.

Tan pronto como tu mirada se refleje en otros ojos, una lágrima, inevitablemente rodara por tu mejilla, y te acordarás de mí.

Siempre que tus manos toquen otras manos, recordarás aquellos momentos que tanto nos amamos; y apenas y tus labios rocen otros labios, te acordarás de mí.

Después de que te recuestes en tu almohada, sentirás el frío de mi ausencia. Buscarás en la oscuridad mi mirada, desesperada...

Te acordarás de mí.

Cuando rías, cuando llores, al caminar por las calles, y mires las flores, mirarás al pasado, cuando te decían ellas que eras el amor de mis amores.

Entonces, te acordarás de mí.

Cada vez que escuches alguna canción, que te lleve a ese momento cuando eras mí adoración, y te escribía un verso para decírtelo con toda devoción, entonces te acordarás de mí.

Inevitablemente...

Rafael Castañeda

Te acordarás de mí.

55

Llévate de mí

Llévate de mí, cuando te vayas,

un trozo de mi corazón, y junto con él, también lo que me queda de razón.

Llévate de mí, la luz de mi alma, para que ilumine tu camino, y te lleve a cumplir cual fuera tu destino.

Llévate de mí, todos los besos que te di.

Guárdalos cerca de tus labios, para cuando tengas sed de mí.

Llévate de mí, mis brazos, para que te arropes cuando tu corazón se sienta con frío.

Así estarás al lado mío.

Llévate de mí, el olor de mi piel.

También un rizo mío, para que juegues con él, que al tenerlo entre tus manos sientas el calor aquel.

Llévate de mí, las madrugadas eternas

que pasamos refugiándonos entre besos y caricias, envueltos en un calor de sabrosas delicias.

Rafael Castañeda

Llévate de mí, las lágrimas que brotaron de mis ojos al despedirnos,

junto con el juramento de nunca herirnos.

Llévate de mí, no un adiós, solo un hasta pronto.

Porque al acabarse esta vida, en la próxima te buscaré como un tonto.

Llévate de mí.

Todo de mí

*Mis pensamientos vagan hacia ti constantemente, mis
mejores momentos también te pertenecen.
Al igual que mis lamentos, mis lagrimas... Todo de mí.*

*Mi mundo se derrumba ante mis pies, pero yo sigo en pie.
Todo de mí, te pertenece a ti, todo de ti es tan solo para mí.*

*Cuando sonríes, y tu mirada se clava en mí, en ese
momento sé qué todo va a estar bien, y te entrego... Todo
de mí.*

*Enlazados en un solo corazón, viviendo momentos
construidos con loca pasión, al compás de aquella
canción.
Es cuando recibes todo de mí, y todo de ti es tan solo para
mí.*

*Los besos, las caricias, mis manos entrelazadas en las
tuyas, tu mirada.
Tu amor, es todo de ti tan solo para mí,
como yo soy... Todo de ti.*

Sin ti

Sin ti, he tenido que aprender a vivir.

Desde que te fuiste, falsamente he aprendido a sonreír.

Desde que tú a mi vida entraste,

no he podido ni por un minuto olvidarte.

Quisiera saber cómo de tu corazón me sacaste;

cómo y cuándo fue que de mí te olvidaste.

Sin ti, he soportado este inmenso dolor.

Vago por las noches, recorriendo los lugares testigos de nuestro amor.

Solo para regresar a una casa fría y vacía, donde tu perfume se respira todavía.

Donde mil veces yo te decía

lo mucho que mi corazón te quería.

Donde no me di cuenta que tú a mí me mentías día con día.

Sin ti, yo enloquecí el día que te perdí.

Estaba escrito que no serías para mí.

Hoy solo me queda de ti, el amor que vive en mí.

Este amor que me llevó de la cordura

a la locura en un instante, cuando te

supe lejos y de mi vida distante.

Sin ti, de amor ya no tengo palabras.

Acompañado de mi soledad, vivo en

un mar de lágrimas.

A causa de esta pena que tu ausencia me condena.

Vivir sin ti, la vida no me obsesiona.

Solo penumbra a mi corazón,

y niebla a mi alma ocasiona.

Sin ti.

Rafael Castañeda

Te acuerdas de mí

Te acuerdas de mí, cuando a tu lado ya no esté, lo mucho que te quise y me quisiste.

Te acuerdas de mí, pero por favor no te pongas triste, recuerda que mi partida

fue porque así lo permitiste.

Solo me llevo las caricias y los besos, que en alguna noche me diste.

Te acuerdas de mí, no me dejes al olvido, no dejes que mi memoria se.

se borre, te lo pido.

Quédate con los versos que un día te escribí, los cuales te decían lo que yo

siento por ti. Al igual, retén en tus labios el sabor de mis besos, que apasionadamente, muchas veces te di.

Te acuerdas de mí, en las frías noches.

Teniéndote en mis brazos, contándote mis triunfos y fracasos, dejando mi alma ante ti en pedazos.

Te acuerdas de mí, y de las lágrimas que viste brotar de mis ojos, cuando tuve que soportar lo cruel de tus enojos.

*Te acuerdas de mí, cuando contenta estés, cuando rías,
cuando llores, cuando de otro amor te enamores;*

*y compares mi amor por ti, lo grande que eras para mí, y
que no era yo el más perfecto, pero no el de los peores.*

*Te acuerdas de mí, quien todo mi amor un día te di, quien
solo te quiso para sí.*

*Quien la vida daría tan solo por tenerte siempre junto,
aquí.*

Te acuerdas de mí, porque hoy sé que te perdí.

Mientes

63

Mientes, al mirarme, y lo peor de todo

también al besarme.

Mientes, cuando dices no sé cuánto, según tú, amarme.

Con tus mentiras, has logrado poco a poco destrozarme; el
amor que siento de mi alma desgarrarme.

Mientes, al mi nombre pronunciar.

No sabes ni quien soy, te confunden

tus manos al acariciarme.

Solo tú sed pretendes saciar.

Mientes, y crees que no me doy cuenta

de tu traición, yo veo tu mirada vaga, al oír esa canción,

cómo la escuchas con tristeza y atención.

Mientes, al decir que ya no le amas,

que no le recuerdas, pero yo sé que en silencio su nombre
llamas.

*Mientes, tanto que a tus mentiras me estoy acostumbrando,
ya no me importa, de tu amor, poquito a poquito me estoy
desilusionando.*

Quiero pensar que algo te estoy olvidando.

De tu vida me estoy yendo despacio.

*Cuando voltees a buscarme, solo encontrarás un espacio
vacío.*

Mientes, siempre mientes.

Puedo aceptar la verdad, sea cual sea.

Pero no vivir en la mentira.

*Me mientes y luego del tiempo te arrepientes, escondes tu
mirada, a veces ni siquiera me das la cara.*

Mientes, yo quisiera que no mintieras.

Que mejor tus maletas hicieras;

corriendo a su lado te fueras, y por

favor... a verme no voltearás.

No quieres ver sobre mi rostro estas lágrimas derramadas.

Que seas feliz en tu cuento de hadas.

Sigue tu camino, mas siempre recordaré,

que mientes.

Volveré

65

Volveré, después de haber partido en ese viaje sin regreso, volveré a tus brazos, a estar en ellos preso.

Volveré a tocar tú rostro con el suave viento, rosaré tus tibios labios con la lluvia.

Volveré, atravesando el tiempo y las dimensiones para disfrutar juntos nuestras canciones; para arrullarme con el sonido de tu hermosa voz, y revivir este amor de los dos.

Volveré, para terminar de leer juntos el libro de poesía que te regalé, donde guardas la rosa aquella, cuando te besé por vez primera, y mi amor te entregué.

Volveré a estar a tu lado, a jugar con tu pelo rizado, a verme en tu mirar, y terminar de nuevo, de ti, eternamente enamorado.

Volveré...

Busco

Busco y no encuentro; el sol se ha ido.

Las noches son negras y los días grises.

En mi alma se vuelven a abrir aquellas

cicatrices del pasado.

Perderte a ti, es perder un latido de mi corazón a cada instante.

Sólo sé que hoy, como cada momento no he podido olvidarte.

Ya las lágrimas de mis ojos se han secado, ya no puedo llorar más.

De mi corazón cae una lágrima,

que se desliza hasta mi alma,

y el dolor es tan intenso que me deja sin habla.

Pierdo la razón, al querer gritar tu nombre,

y no logro tan siquiera un gemido de dolor.

No siento nada, creo estar muerto en vida por tu amor.

Busco, te busco a ti que te has ido.

A ti, amor mío, a quien toda la vida he querido.

Tú, que de mi lado lejos te has ido, a quien yo torpemente
he perdido.

Tú, en mi vida entraste, en mi alma tu huella dejaste.

Ahora, ¿cómo le haré para olvidarte?

¿Cómo le haré para de mi corazón sacarte?

¿Cómo podré un día dejar de amarte?

Amor perdido

Mi memoria no te olvida.

Mas sí te he podido perdonar.

de mis ojos brotan lágrimas,

al no poder evitar por ti llorar.

Entre más recuerdo tu amor perdido

más vivo el presente.

Lo perdido ya se ha ido,

y el presente aun late en mi ser, asiduamente.

Estoy cansado de esperar

que tu amor sea como antes.

Hoy decido mejor olvidar, de mi corazón

mi amor por ti arrancar.

Tu vida errante puedes continuar.

No quise decirte nada que hiriera tu corazón.

Mejor callado me alejé,

aunque diciéndote, tendría toda la razón.

Mi amor perdido,

al cual más en esta vida he querido.
69

Cosas del amor

Pensando en lo nuestro, llegue a la conclusión, ya lo sé, de que te vas y no volverás.

En el libro de mi vida eres un capítulo más; debo de seguir escribiendo lo que está por suceder. Versos, poemas, historias, ve tú a saber.

Ha llegado el día en decirnos: adiós.

Te deseo buena suerte, que el amor nunca te falte, y encuentres a quien te ame más que yo, y tú ames como te ame yo.

No te guardo rencor alguno, lo que vivimos fue y no volverá a ser, eso ya lo sé.

Te llevas un pedazo de mí, y yo de ti,

Te agradezco los momentos que en tus brazos viví, esos me los quedo muy dentro de mí.

Mañana estaremos, en el ayer de un amor que no pudo ser.

Vive sonriente, no te fijes en lo que diga la gente; sé feliz y, sobre todo, como te enseñé, se valiente.

Si te preguntan por mí, solo di, que son cosas del amor, y no se dicen porque causan un gran dolor.

Pero asegúrales, que nos amamos con fervor, que así fue nuestro amor.

Si, quieres saber de mí, pregúntale a la luna, y verás el reflejo de mi rostro sonriente, por haber tenido el privilegio de conocerte.

Adiós, Amor.

Cuando todo acabe

Cuando todo acabe, no me busques en tus sueños, ni tampoco me encontrarás en tus noches sin dormir.

Búscame mejor donde habré por tu amor morir.

No te fijes en la luna, no estaré ahí, no viviré ahí o en ninguna.

No voltees a las estrellas,

que no viviré en ellas.

No estaré al pie de tu cama, velando tu sueño.

No estaré a tu lado, bebiendo tu aliento,

esperándote para sentirme tu dueño.

Cuando todo acabe, sentirás que el olvido ha llegado, que el tiempo todo lo ha borrado. Que tú, de mí te has olvidado.

Cuando todo acabe, sentirás mi ausencia, más aún, dentro de ti mi presencia. Sabrás que yo de ti me llevo solo tu demencia.

Cuando todo acabe, no estaremos tú y yo, sólo serás tú, y solo seré yo.

Hasta que vuelvas

Los días son interminables, el sol con las nubes se unen en una danza, el tiempo no avanza.

Pienso en ti con añoranza.

Al llegar la noche, a la luna y las estrellas les pregunto por ti.

¿Qué acaso te has olvidado de mí?

¿Dónde guardas el corazón mío, que puse a tus pies el día aquel?

¿Qué hiciste con mis besos, con el calor de mis manos sobre tu piel?

Busco dormir, en mis sueños encontrar la esperanza de volverte a ver.

No me despiertes, no quiero volver a amanecer sin tus brazos, sin tu querer,

sin tu cariño, mi amada mujer.

Hasta que vuelvas, viviré pensando en ti, queriendo aprender a estar sin ti,

a vivir sin una parte de mí.

Vuelo

Vuelo lejos, por encima de los mares, llegando a playas lejanas, contemplando la arena blanca, que brilla con el reflejo del sol.

Me recuerda a unos ojos, que ya no sé ni de quién son.

Vuelo sobre las praderas verdes,

pasando ríos que se convierten en lagos, para después convertirse en arroyos vagos.

Vuelo alto y a veces bajo.

Llego hasta las montañas, conozco de los volcanes sus entrañas, y me pregunto si, como el sol a la luna, tú me extrañas.

Vuelo, sigo volando.

Mi mente va divagando, preferible que tu amor seguir recordando.

No quiero sentir, que aún te sigo amando.

Quiero seguir en este vuelo,

para no tener que sufrir en vida, la muerte de un amor, el duelo.

Regreso a mi cárcel

75

Regreso a mi cárcel, a encerrar a mi corazón aventurero, que se atrevió a volver a decir, sin titubear cuanto te quiero. Me encierro en mi soledad, a sanar esta herida.

Trataré de olvidar lo que fuiste tú en mi vida.

Renuncio a la libertad de volver a enamorarme, mas de ti no podré, en esta vida olvidarme.

No mirarás una lagrima mía llorar más por ti, y menos implorar que me ames como yo te amo a ti.

Regreso de donde, por un corto tiempo me liberé; lo más irónico es que tú eres quien me vuelve a encerrar, con tu peculiar manera de amar.

Regreso a mi cárcel de oro, a encerrarme en mis pensamientos, a soñar con los ojos abiertos,

a escribir unos tristes versos,

que describan que extraño el sabor de tus besos.

Regreso a mi cárcel, con gusto a cumplir mi condena. Mi castigo será ahogarme en esta pena.

Por toda la eternidad, sin poder obtener el perdón, por haberte amado de verdad

Carta de despedida

A ti te escribo estas líneas, para que en ellas puedas encontrar

las razones por las cuales nos tenemos que separar.

No intento disculparme, ni encontrar un por qué.

Has dejado de amarme, lo he visto en tus ojos al mirarme.

Entre estas líneas hallarás alguna huella de las lágrimas,

que al escribir por mis mejillas caen,

sin poder contenerlas.

El dolor que esta despedida a mí trae

es insoportable, pues en mayor parte comprendo ser el culpable.

Y por esto te pido perdón...

Perdón por amarte, por querer las estrellas del cielo bajarte.

Perdón por querer tu vida cambiarte.

Perdón por mi insistencia en solo querer adorarte.

Con esta carta, en estos versos

*te recordaré siempre, no más que tus besos, no tanto como
tu abrazo y el sentir de tu regazo.*

En esta carta de despedida, te confieso, que aún te amo,

que eres la razón de mi vivir, y hoy la razón de mi sufrir,

por lo cual espero, pronto sin ti morir.

Carta de despedida, es esta para ti…

Amor de mi vida.

Adiós, amada mía.

Después de ti

Después de ti, solo estoy.

Un suspiro, cual se lo lleva el olvido.

El adiós de tus labios, el sabor de tus besos tatuados en los míos.

Después de ti.

Sumergido, en el olvido donde me dejaste,

mi corazón tan solo siente frío.

Mi alma vaga en las nubes de los recuerdos

que juntos construimos,

traspasando el tiempo y la distancia,

para estar en vano ante tu presencia.

Después de ti, como el sol busca a la luna,

camino el universo buscando el momento del eclipse,

para darte un beso.

Le pregunto a cada estrella, si han visto a mi amor,

a la de la mirada triste, tú para mí la más bella.

Después de ti, en mi pecho hay un dolor,

que se eleva hasta mi garganta,

me nubla los ojos de lágrimas, y hace

a mi ser estremecer en desesperación,

haciendo en mí el tiempo pensando en ti

perder toda noción.

Si te olvido

Si te olvido, no habrá noches sin luna.

No tendré en mi memoria,

lo que tú y yo disfrutamos noches algunas.

Si te olvido, amor mío.

¿Dónde dejaré mi pasión descansar?

¿Dónde mi ser terminará de amar?

¿A quién mis cansados brazos terminaran de abrazar?

Si te olvido, ¿quién soy yo, sino de ti?

¿A quién pertenezco?

¿Con qué amor yo amanezco?

Si te olvido, no seré yo, más que un momento

perdido en la memoria de tu olvido.

Si te olvido...

Te olvidaré

Te olvidaré, cuando el sol deje de brillar,

cuando la luna al sol deje de buscar;

cuando una estrella para ti logre alcanzar.

Te olvidaré, el día que te vayas,

en el momento que tu mirada se desaparezca de mi mente.

Cuando en mis brazos deje de tenerte.

Te olvidaré, es una promesa.

No continuará mi alma de ti siendo presa.

Mi corazón seguirá latiendo, de alguna forma lograré
seguir sonriendo.

Te olvidaré, no lo sé.

Quizás mañana, algún día deje de pensar en ti.

En los momentos felices que a tu lado yo viví.

Tal vez no recuerde nunca más tu rostro,

ni el sabor de tus besos, tampoco el olor de tu piel;

el cómo mis manos recorrían tu cuerpo al hacerte mía,

lo tanto que te llegue amar en su día.

Te olvidaré, te lo juro.

Te sacaré en pedazos de mi alma, aunque en el proceso

termine desgarrada, y perder toda calma.

Le enseñaré a mi corazón roto, cómo

levantarse, cómo de ti tiene que olvidarse.

Te olvidaré, porque te amo.

Porque te extraño, porque te adoro.

porque fuiste para mí, mi más bello tesoro.

No debes llorar

Que el mundo gire, y se pase el tiempo.

No debes llorar, solo tú sabes lo que llevas muy dentro.

Todo el amor, el dulce amargo dolor, con el que te has quedado,

aguardando una llamada, esperando su llegada, quedándote en la soledad, con una lagrima, una plegaria callada.

No debes llorar por un amor, que se fue sin importarle ver tu corazón desangrado. Tú sabes bien que ese amor fue de amantes,

que llegaron a ser más que importantes. Cuando en pasión desbordada, se entregaron aquellos instantes.

No debes llorar; no sigas llorando, sigue caminando.

Llévate los momentos felices, sana tus heridas, que pronto serán solo cicatrices.

No debes llorar eternamente, recupera tus tiempos, seca tus lágrimas y sonríe, no sigas con lamentos.

Vive hoy estos momentos, da gracias por la experiencia y lo que has aprendido.

No trates de borrarlo al olvido.

No podrás, pues es a alguien a quien tú, el verdadero amor, le has compartido.

Un verso

Hoy te escribo unos versos

para así llenar tu corazón de besos.

Con estos quiero llegar a tu alma,

*para cuando llegues a casa, tomarte de la mano y llevarte
a mi cama.*

Que te des cuenta de que soy tu esclavo y tú mi ama.

Con un verso, decirte que no tenía vida

antes de conocerte.

Que nací para adorarte, que nunca podré olvidarte.

En tus brazos, aprendí que el verdadero amor existe.

Nunca antes me han amado como tú lo hiciste.

Tú, todos mis sueños al besarme cumpliste.

En tu regazo quiero dormir mil veces.

Viendo en tu rostro cómo con nuestro amor floreces;

*en una noche clara, con solo la luna y las estrellas de
jueces.*

Por esto hoy te espero, con un ramo de rosas,

para al oído decirte otras cosas.

Solo con un verso que escribe, no mi mano,

pero sí mi corazón,

que, al recordarte brota de pasión,

y me lleva por ti a perder la razón.

Un verso, para ti, amada mía,

a quien pienso noche y día.

por quien yo mi vida, gustoso daría.

Deja de llorar

Deja de llorar por el pasado. No debes tu alma desangrar,

por alguien que nunca te supo amar.

Deja de llorar, no te rebajes por un amor que no te supo valorar.

No se dio cuenta que tú solo vivías para a él adorar.

No lo busques, no le llames, no le vayas a rogar.

Con el tiempo, te darás cuenta de que fue mejor,

a ese amor ingrato abandonar.

Deja de llorar, tus lágrimas ya no debes derramar.

Pronto, todo sufrimiento ha de pasar;

un nuevo amor a tu puerta ha de llegar,

que de tu corazón de nuevo se ha de adueñar.

Entonces podrás, como un ave, su vuelo despegar.

A un nuevo nido has de bajar.

Para tus caricias y tus besos, a ese nuevo amor entregar.

Deja de llorar, que soy yo quien hoy te quiere amar.

Aquel que no se conformó con solo verte pasar, y nunca dejó de pensar

que un día en tus ojos se iría a mirar.

El que quiere y sabe, a una mujer como tú adorar.

Tu ausencia

Como el silencio de la oscuridad de la noche, se confunden mis pensamientos que no llegan hacia ti.

¿Dónde te encuentras? ¿Qué camino tomaste que no te trae hacia mí?

¿Qué hago con estos besos que tengo para ti?

¿Cómo apago la llama que late, en mi pecho por ti?

Le pregunto a la luna dónde estás tú

¿Acaso te escondes en la bruma de tu ausencia y te olvidas, de en este mundo, mi presencia?

La brisa del amanecer opaca mis plegarias hacia el cielo, por no saber de ti en este desvelo.

Le pido al sol, si te ve, te ilumine el camino que te traiga a mi suelo.

Que no sabes que por ti vivo, y muero en desconsuelo.

Como en el jardín, donde existen diferentes colores, tú eres la más bonita de las flores.

Te recuerdo sin odios y sin rencores.

Sabes que eres el amor de mis amores.

Tu ausencia, me tiene al borde de la locura.

Mi pensar no es con cordura.

Solo veo tu rostro, y tu mirada, hermosa criatura.

Rafael Castañeda

Una lágrima de cristal

Al saber que tu amor he perdido,

que no volverás,

llorar más no he podido.

Solo una lágrima de mis ojos ha caído.

Una lágrima de cristal, que nunca verás.

Cuando otros labios te roben tus besos, recordarás los besos que yo te di, y sabrás que aún vivo yo en ti.

Quizás y entonces, en la soledad de tus noches, la nostalgia te traiga hacia mí,

Una lágrima de cristal, por tus ojos rodó por lo que en tu vida, algún día yo fui para ti.

Partiste a buscar un amor, en otro como el que yo te di.

Tristezas solamente encontrarás,

porque no hay nadie que te ame como yo te amo a ti.

Una lágrima de cristal, por tus mejillas rodará, cuando de mi te acordarás.

Una lágrima de cristal, en mi mejilla también verás caer,

por este amor prohibido,

que no puede ser.

A tu recuerdo en mí siempre llevo, olvidarte no puedo, vives en mi corazón.

Y para olvidarte tendría que perder mi mente la razón.

Sin un adiós

93

Sin un adiós, así sea nuestra despedida,

Sin lágrimas ni reproches,

solo el recuerdo de nuestras mejores noches.

Sin un adiós.

Caminaremos por diferente camino,

trazado al final por el caprichoso destino.

Sin un adiós, solo con un beso, dulce sabor a miel,

para saborearlo y en mis labios dormir con él.

Sin un adiós, ni una palabra;

para evitar que de mi alma un grito de pronto salga.

Sin un adiós, solo una mirada de tus ojos hechiceros,

que de mí hicieron lo que ellos quisieron.

Sin un adiós, solo un beso.

Adiós amor

Cuando emprendas tu partida, no mires hacia atrás, sigue de frente.

Si volteas, verás lágrimas en mis ojos, o quizás una mirada indiferente.

Adiós, amor, adiós a tus besos, a tus lindos ojos, al sabor de tus labios rojos.

A las noches en desvelo que juntos pasamos, en nuestro idilio amándonos.

Adiós, amor, te recordaré mientras te vea partir, hasta que tu silueta se desaparezca de mi mirada.

Después no existirás, nunca exististe.

Así como mía nunca plenamente fuiste.

Tu amor fingido, alimenta este olvido,

pues así tú lo quisiste.

Adiós amor, sigue tu camino.

Busca entre las sombras de tu soledad, tu felicidad,

y el amor que te prepara el destino.

Rafael Castañeda

Nunca olvides dar más de lo que recibes,

y aprender lo que vives.

Espero y pronto tú de mí te olvides.

95

Solo tú

Solo tú entras en mis sueños,

Tanto como en mis desvelos.

Sólo tú tienes en tus manos las llaves de mis anhelos.

Solo tú me haces,

con tus caricias y tu entrega de placer,

sentir morir mil veces.

Solo tú eres el amor que, día con día

En mi corazón más crece.

*Solo tú, imagen que llevo tatuada en mi alma, con solo
recordarla a mi corazón calma*

Solo tú eres del jardín la más bonita de las flores.

Eres preciosa, el amor de mis amores.

Tú, que viniste a mí para calmar mis dolores.

Solo tú me desvelas, me enloqueces,

*me haces sentir lo que con otro amor he sentido pocas
veces.*

Rafael Castañeda

Solo tú en mi universo existes,

desde el momento que con tus ojos hermosos me viste.

Solo tú, al besarte en la bocu,

a mi sangre hervir le provoca.

Solo tú, ángel mío.

Yo a ti te adoro.

Cada día más de ti me enamoro.

Solo tú.

Mi final

Ven, te invito a que veas dónde estoy.

Para que te enteres hoy quien soy.

Verás lo que queda de mí después que te perdí.

No te sorprendas si encuentras viejas mis prendas, y mí rostro apagado.

Al igual que mi mirada, no tiene el brillo que te encantaba.

Vivo en silencio, solo escribo al viento

poesías de cuando en aquel tiempo, yo a mi lado te tenía.

Estoy en la oscuridad de la luna, no encuentro paz en rincón alguno.

El amor para mí ha terminado, me quedo con el recuerdo de lo tanto que te he amado.

En el invierno de mi vida, veo llegar el final del camino, primaveras que no llegarán, veranos sin sol, otoños con frío, amores tirados al olvido.

Mi final, es tu obra.

Pintado con la sangre de mis venas, al desgarrar mi corazón con estas penas.

Rafael Castañeda

Mi último suspiro, tu nombre exclamará al llamarte.

Al Final, mi alma regresará solo para amarte.

Mi final.

www.ingramcontent.com/pod-product-compliance
Lightning Source LLC
Chambersburg PA
CBHW052101150726
48002CB00002B/987